AF440370

OPINION

SUR LE VRAI SYSTÈME

DU GOUVERNEMENT

𝔯epré𝔰entatif,

COMBINÉ AVEC L'EXISTENCE POLITIQUE DE LA FRANCE.

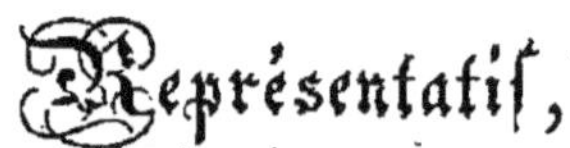

CHAPITRE I.er

Des causes de notre fractionnement civil, et des désordres qui l'ont suivi.

La France est la maison d'un grand seigneur qui s'endette chaque année, malgré de gros revenus, par un train de dépense qui va toujours croissant. Calculez le grand nombre de ses économes de l'évangile, et vous aurez le chiffre de son passif.

On voit par là pourquoi les docteurs Sangrado sont si épais chez nous. Voir la France sous un autre rapport que sous celui de la prépondérance à donner au sol, c'est errer. Se représenter le père de famille soigneux de réparer la mauvaise gestion de ses prédécesseurs, c'est voir l'état comme le voyaient Sully, Colbert et Turgot.

Quels ont été les résultats de la révolution de 1789? La création de nouveaux intérêts et le morcellement du sol.

Sous quels rapports faut-il la considérer?

Sous celui des progrès de l'économie industrielle et sous celui des conséquences de notre fractionnement civil qui l'a accompagnée.

Envisagée sous le rapport agricole, elle a pourvu l'état de richesses immenses qu'on ne saurait préciser par des chiffres.

Embrassant sous un coup d'œil moral et politique une révolution qui a tourné l'état, comme un tailleur tourne un habit, je dirai : N'a-t-elle pas miné le pays par le morcellement de la glébe, et fait flotter les intérêts matériels, pour lesquels il faut plaider, quand les vertus civiques sont un rêve? N'a-t-elle pas servi le sophisme, pour ranger le royaume en catégories? N'a-t-elle pas affiché le tarif des votes, et présenté le miroir de nos misères par un commerce honteux entre des esclaves dignes de figurer dans un *bougin*?

Tels sont les élémens d'anarchie et de monstrueuse dépravation qu'offre le nivellement social. Nos annales révolutionnaires ne sont que celles des peuples subjugués par l'empirisme. La civilisation a ses écueils, et ces écueils sont le raffinement de la politique, d'où naît le relâchement du lien civil. Vient ensuite l'esprit philosophique, armé de la serpe novatrice, qu'il livre aux monopoleurs de révolutions.

C'est ainsi que s'explique l'enchaînement des désordres nés du sophisme, qui fait disparaître les nations modernes par cet esprit dissolvant du corps politique, contre lequel échoue la science du législateur; c'est ce génie liberticide qui mutile, en les fractionnant, nos sociétés européennes, et qui, par des crises financières et par l'usure, conséquences de leur dissolution, creuse chaque jour davantage l'abîme des révolutions; c'est lui qui monte, pour le malheur de l'humanité, les chaires des empiriques; c'est, enfin, par son esprit alchimique, sorti du laboratoire des novateurs, qu'il n'y a plus de lien civil en Europe, et qu'en France le fractionnement de l'état a reçu de l'esprit démocratique, qui a changé son principe, une plus grave intensité.

La scission des sociétés européennes fut l'ouvrage de Luther et de Calvin. Ils commencèrent le désordre, la secte novatrice l'acheva.

CHAPITRE II.

Des progrès du sophisme.

Les lumières sont le levier moral et politique de l'homme. Ce levier est fort ou faible, utile ou dangereux, selon que le rayon qu'il parcourt est grand ou petit. Aussi voyons-nous que dans le siècle de Louis XIV les lumières ne sont rien par leur surface, et beaucoup par leur profondeur, et que c'est du petit espace qu'elles occupent dans une grande circonférence, qu'on voit sortir la pépinière des fondateurs de la gloire d'une puissante monarchie.

Le siècle de Louis XV étant celui où le cercle de la civilisation s'élargit, est remarquable par l'extension des lumières, qui sont, comme tous les corps créés par la nature ou par la main de l'homme, plus faibles en se disséminant. Ne faut-il pas qu'elles subissent l'influence maligne que leur imprime l'esprit philosophique, servant les calculs des sophistes? En vain l'auteur d'*Émile*, apparaissant dans son siècle comme un Hercule, les écrase-t-il de sa massue; en vain suivons-nous, pour ne pas nous égarer, la grande voie qu'il fraie à ses contemporains et à la postérité : les lumières s'étendant des classes supérieures à toutes les autres, dans le dix-neuvième siècle, nous passons sous les fourches caudines des demi-savans, et c'est alors que se multiplient parmi nous, comme à Athènes du temps de Socrate, les écoles des sophistes.

Demandez pourquoi notre sol, dans lequel prospèrent si bien depuis longues années les mauvaises graines, leur est si propre, c'est s'enquérir pourquoi nous avons un Grotius dans chaque village, et pourquoi la France n'offre aujourd'hui que des bazars d'esclaves et d'eunuques de toutes les couleurs et de toutes les conditions, dont nous faisons publiquement la traite, comme les Anglais ; c'est s'enquérir pourquoi la profession de comédiens à talon rouge est devenue l'objet du plus grand lucre, depuis qu'ils ont fait revivre au Théâtre-Français Préville dans *les Fourberies de Scapin* ; c'est s'enquérir pourquoi nous ne manquons pas de boutiques de barbiers, qui rasent chacun différemment ; pourquoi nous marions l'ancienne avec la nouvelle noblesse ; pourquoi nous cumulons le monopole électoral et tous les abus de l'ancienne monarchie, et pourquoi la puissance des publicains, fondée sur la pluralité des écus, fait coter les fonds à la bourse.

Qui sème de mauvaises graines, ne peut avoir que des sauvageons. C'est ce qui devait arriver, c'est ce que nous devions attendre des progrès du sophisme.

CHAPITRE III.

Des modifications à apporter à nos lois civiles sur la propriété.

Sommes-nous un peuple de caboteurs, comme les Hollandais, les Américains ou les Anglais ? Notre existence est-elle au-delà des mers, comme celle de ces peuples chez lesquels le commerce fait rouler l'état ?

S'il faut répondre affirmativement à cette question, je pense qu'on doit poursuivre comme séditieux l'écrivain qui propose le changement de lois sur lesquelles repose la stabilité d'un empire.

S'il est, au contraire, démontré que nous sommes un peuple agricole, et que c'est de l'immobilité de la propriété et de la prépondérance que doit avoir le terrien sur le banquier que dépend la conservation de la France, n'est-ce pas justifier qu'on est bon régnicole d'indiquer la voie propre à conduire à ce résultat si désirable?

A quoi tend notre jurisprudence, d'après les éventualités dont elle frappe la propriété? A perpétuer, par les mutations des fortunes individuelles, les révolutions de l'agiotage, et par celles-ci, les désordres du bas-empire. Dans la catégorie où nos lois civiles sur l'expropriation forcée, les saisies immobilières et les pactes de réméré rangent le propriétaire, la voie des tribunaux, institués pour défendre la société contre le dol et la perversité, n'est-elle point impuissante contre le fisc, l'usure et la chicane, ces vers rongeurs de l'état? Où sont, contre les ennemis du corps social, les garanties du gouvernement pour la conservation des fortunes publiques et particulières? Où se trouve, contre un contrat frauduleux, l'action du débiteur contre le créancier qui le poursuit en vertu de son titre authentique? Qui pourra dire que les clauses stipulées dans le pacte de rachat ne sont pas les conventions réelles des parties, puisque l'opprimé ne saurait administrer, contre celui qui le spolie légalement, la preuve contraire? Qui pourra dire que l'obligation ne contient qu'un prêt fictif, et qu'elle voile de sommes reçues les intérêts usuraires qui privent le débiteur du bénéfice de l'art. 1676 du Code civil, relatif à la rescision de la vente pour cause de lésion? Où se trouve enfin, non pas la balance d'avantages que la loi doit offrir dans tout gouvernement quelconque, tant au débiteur qu'au créancier, mais la prépondérance que doit obtenir, dans un état essentiellement agricole, le terrien conservateur sur celui qui met en problême l'existence de cet état par des spéculations fondées sur la mobilité permanente de la glèbe?

On reconnaît donc que ce n'est pas par le taux du prêt conventionnel, mais par les pactes de rachat, qu'on a miné le sol et marché sans pudeur dans la carrière du dol et de l'infamie.

Le Code qui nous régit n'est pas moins l'œuvre de savans jurisconsultes, dont le talent attache à leur mémoire le sceau de l'immortalité; mais peut-on prévoir toutes les modifications malignes que l'esprit révolutionnaire imprime aux mœurs des peuples qu'il subjugue?

Les Romains eurent, comme nous, à combattre l'usure. Sous les décemvirs, sous les tribuns du peuple, on se flatta vainement d'extirper ce cancer des gouvernemens et des empires. Sur la fin de la république, il acquit de l'intensité. La loi des douze tables, dit Tacite, Annales, livre 6 (1), avait fixé le taux de l'argent à 4 p. 0[0. Plus tard, des plébiscites le portèrent à 6. César, pendant sa dictature, ordonna, par une mesure dictée dans l'intérêt des créanciers et des débiteurs, qu'on expertiserait les immeubles de ceux-ci, dont la libération s'effectuerait par le délaissement qu'ils en feraient à leurs créanciers, et qu'on prendrait pour base de l'expertise la valeur qu'avaient les fonds situés en Italie avant la guerre civile. « *Cùm fides totâ Italiâ esset angustior, neque creditæ* « *pecuniæ solverentur, constituit ut arbitri darentur; per eos* « *fierent æstimationes possessionum, et rerum quanti quæque* « *earum antè bellum fuissent; atque eæ creditoribus transde-* « *rentur.* « *Lib. tert., De Bello civili.*

---

(1) *Nam primò duodecim tabulis sanctum ne quis unciorio fœnore ampliùs exerceret, cùm auteà ex libidine locupletium agitaretur. Dein rogatione tribunitiâ ad semuncias redacta.* (Ann., lib. VI.)

Cette mesure, quoique sage, ne s'exécuta point; l'influence des usuriers de Rome s'y opposait. Qui pouvait cependant se plaindre? Les experts partaient d'une base fixe. On ne connaissait pas, comme aujourd'hui, ces formes lentes de la justice qui multiplient les frais à l'infini, et par lesquelles le pauvre, quoique fondé en droit, se voit réduit à capituler devant le riche qui l'opprime. Avait-on à subir cette coalition d'agioteurs qui, de concert avec le fisc et la chicane, achève d'arracher au malheureux propriétaire ce qui lui reste? Avait-on, enfin, à passer par l'antre infernal des adjudications de saisies immobilières?

Si dans le pays où le gouvernement roule, non sur le pivot du sol, mais sur celui de l'industrie manufacturière, comme en Hollande, en Angleterre, aux Etats-Unis, le créancier n'a d'action légale contre son débiteur qu'une saisie-brandon, ne pourrait-on pas, chez un peuple agricole où toutes les branches qui le vivifient naissent de la propriété foncière, mettre en vigueur une semblable jurisprudence, ou celle des Romains?

Que le créancier ait l'action hypothécaire en garantie de son prêt, c'est du droit commun; mais qu'on atténue, en faveur d'une classe qui donne et ne reçoit rien, le fisc dévorateur, c'est ce que commandent impérieusement la politique et l'équité. L'expropriation forcée et les pactes de rachat sont la mine qu'on fait jouer contre l'édifice monarchique.

Je voudrais, pour la validité de l'acte conçu d'après ces dernières dispositions, que non-seulement la réalisation des espèces s'effectuât au vu du notaire et des témoins, mais même que le prêteur fût tenu de justifier, dans l'intervalle qui s'écoulerait entre le jour du passement de l'acte et celui de l'échéance, par un procès-verbal signé de trois experts choisis à l'amiable par les parties, ou nommés d'office par le tribunal dans le ressort duquel l'immeuble ou les immeubles en litige seraient situés, qu'il avait soldé les dix douzièmes du prix dudit immeuble ; faute de quoi, le contrat serait résilié. Le créancier demeurerait passible de dommages et intérêts envers la partie lésée, comme l'emprunteur serait tenu au remboursement des deniers perçus de lui, avec les intérêts et les loyaux coûts du contrat.

C'est ainsi qu'en défendant le sol contre l'agiotage qui le mine, je croirais servir efficacement le pays.

CHAPITRE IV.

Du lien civil à obtenir des franchises nationales pour le salut de la France.

Le mécanisme des sociétés est plus difficile à saisir que jamais ; tant que les hommes ne sortent pas de l'école des sophistes, ils sont faciles à conduire. C'est ce qui explique la fortune de savans instituteurs des nations. Tels sont Lycurgue, Solon et Moïse. Mais lorsque l'empirisme, typhus du corps civil, a gagné les esprits, le génie du législateur est en défaut. C'est ce qui est cause que les théories politiques ne sont chez nous que transitoires depuis 1789.

Le pilote a besoin d'une boussole pour se conduire. L'assemblée constituante prit la sienne dans l'ère de l'utile régénération sociale ; elle posa les principes du droit public ; les assemblées primaires réglèrent sa marche, calquée sur les besoins de l'époque. Comme elle voulait tempérer la puissance démocratique, elle fut renversée par elle. C'est alors que le vaisseau de l'état se brisa violemment ; c'est alors que Vergniaud put dire à la tribune de la convention : « *La révolution est comme Saturne, elle dévore ses enfans.* » Et Barrère : « *Nous battons monnaie sur la place de la Révolution.* »

Après d'horribles tempêtes, nous rapportons sur le rivage le tableau votif des naufragés. La charte est l'arche salutaire où nous nous renfermons. Elle est notre loi écrite. L'a-t-on commentée dans un esprit national et conservateur ? C'est ce qu'il est essentiel de considérer.

Si l'on doit reconnaître que la glèbe a remplacé les vertus civiques, et s'il est incontestable que la plus importante des lois organiques de la charte, qui est celle des élections, doit affermir, par la prépondérance à donner au sol, le trône et les institutions qui le défendent, ne doit-on pas se convaincre aussi du danger d'exclure de la participation aux droits politiques la grande majorité des Français ?

Si l'on ne voit que la Gorgone dans l'esprit niveleur qu'enraya un grand tacticien, qui fut, comme Octave et Cromwel, héritier d'une révolution, la corruption, fruit acerbe du monopole, est-elle moins à craindre ?

Les vertus républicaines sont mon idole ; ma conviction est monarchique. Désirant la confédération nationale d'une grande famille à qui la gloire est héréditaire, je vote pour la monarchie, avec l'émancipation du génie. Quoi ! connaît-il le rôle du percepteur ? S'il ne s'incline pas devant la rouille, il respecte bien moins la lèpre judaïque du banquier, qui fait valoir ses droits de noblesse en vertu de la loi d'Othon. Il ne déifie pas plus le pygmée qui se boursouffle, tant sous le bonnet rouge que sous la monarchie du 7 août, ou sous celle de l'ancienne dynastie.

Qu'on confesse donc qu'il existe une lacune dans la loi électorale, et que, pour affermir le trône et le repos de l'état, il faut que la révolution de 1830 acquière ses développemens, fondés sur la puissance d'un grand peuple, et que toutes les classes soient appelées à concourir aux avantages comme aux charges de l'état.

Qu'on confesse qu'il ne saurait y avoir de société qui soit

possible sans lien civil. Il a pu, dans des temps meilleurs, résider chez nous dans les vertus civiques ; ne le cherchons plus que dans les intérêts matériels. Romulus institua deux classes de citoyens, qu'il fit dépendre l'une de l'autre par la communauté des intérêts : c'étaient celles des cliens et des patrons (1).

La sagesse de cette institution, par laquelle ce législateur lia en grand maître le corps civil, est confirmée par une période de gloire et d'existence remarquable dans les annales des peuples. Vainement les Romains passèrent-ils par ces graves modifications que subissent tous les peuples qui passent de l'esclavage à la liberté, et de la liberté, qu'on perd sans retour, à la décomposition civile ; en vain virent-ils, par la corruption des mœurs, les déchiremens du triumvirat, qui fit d'Octave le maître du monde : le patronage qui avait fondé la monarchie universelle subsista plus de sept cents ans, malgré toutes les crises qui tendaient à le renverser avec l'empire.

Ce n'est pas qu'il ne faille reconnaître ici que cette institution n'exista de fait qu'avec les vieilles mœurs romaines, et qu'elle ne fut qu'un vain nom, lorsque Rome, ayant recueilli les richesses de l'orient, les cliens devinrent, par leur fortune, indépendans des patrons, que le luxe et la mollesse eurent remplacé les vertus antiques, et que, dans le passage de la république à la monarchie, la souveraineté eut passé

---

(1) Les cliens et les patrons se choisissaient librement dans la curie à laquelle ils appartenaient. Le patron était tenu d'aider son client de sa bourse, de son crédit ; de se rendre caution pour lui, d'intervenir à son profit dans un procès qu'il aurait. De même que le client était obligé de servir son patron par l'influence qu'il pouvait exercer dans les comices, de paraître en justice pour ce dernier, à titre de mandataire, et de faire toutes démarches et tous actes quelconques pour lui être utile.

du peuple, qui avait cimenté par son courage ses droits
sur le mont Aventin, aux gladiateurs et à la soldatesque
effrénée, mettant l'empire à l'encan dans sa dissolution af-
freuse.

Servius-Tullius ne lia qu'en apparence le corps civil par
un mode d'élection qui, tout en paraissant investir de leurs
droits politiques les citoyens de chacune des trente-cinq
tribus dont Rome se trouvait composée, ne favorisait évi-
demment que les plus riches d'entre les citoyens.

Ce n'est, en effet, que d'après la distinction des biens,
qu'il partagea tout le peuple romain en six classes : il incor-
pora les plus riches dans la première, ceux qui l'étaient
moins dans la seconde, et les plus pauvres dans la dernière.
Il subdivisa ensuite ces six classes en cent quatre-vingt-treize
autres corps appelés centuries, ayant à leur tête des chefs
appelés centurions. La tactique dont il usa dans la distribu-
tion de ces corps fut telle, que la première en comprenait
quatre-vingt-dix-huit sur cent quatre-vingt-treize, et la première un seul, bien qu'elle contînt plus de la moitié des habitans de Rome. Il advint de là, ainsi que l'observe l'auteur
du *Contrat Social,* que la classe la moins nombreuse en
hommes l'était le plus en centuries, et que la dernière n'é-
tait comptée que pour une subdivision, bien qu'elle contînt
plus de la moitié des habitans de Rome.

Le mode de procéder à l'élection des magistrats patriciens,
en vertu duquel se tenaient les comices par centuries, cons-
tituait l'ilotisme du plus grand nombre de citoyens, puisque les voix ne se comptaient que par centuries et que la
première seule en comprenait plus de la moitié, et l'empor-
tait ainsi en nombre de voix sur toutes les autres; d'où il
suivait que la plus petite fraction faisait passer pour une dé-
cision de la multitude le vœu de quelques intrigans apparte-
nant à la classe oligarchique.

S'il est vrai que, dans toute société quelconque, le pauvre dépend du riche et le riche du pauvre, et que c'est de leurs besoins réciproques que naît cette dépendance par laquelle toutes les classes, me représentant l'harmonie des rouages d'un mécanisme, subsistent les unes par les autres, et que le corps civil peut être conservé, pourquoi ne nous réglerions-nous pas sur ce principe salutaire à l'égard de notre législation politique?

Si, comme je viens de l'observer, la propriété est notre arche de salut qu'il faut principalement défendre, les lumières, par l'influence qu'elles exercent depuis que leur cercle s'est élargi, n'ont-elles pas besoin de garanties pour prévenir les crises les plus funestes à l'état? N'est-il pas du droit commun que celui qui contribue aux charges publiques soit apte à participer, en raison de celles qu'il supporte, aux avantages que le chef de l'état doit conférer, comme le père d'une grande famille à ses enfans? L'associé commanditaire dans une entreprise agricole ou commerciale ne doit-il pas recueillir, au prorata de sa mise, sa portion de bénéfice, s'il y en a, comme à subir, dans le cas contraire, sa part, dans une semblable proportion, des pertes qu'éprouve la société?

Je voudrais donc que tout Français, ou étranger naturalisé Français, fût, hors le cas d'interdiction civile, propre à jouir directement ou indirectement de l'exercice des droits politiques en proportion des garanties qu'il offrirait à l'état par sa cote de contributions. Un patronage fondé sur les intérêts matériels, pour obtenir le lien civique à chercher pour la conservation de la France, serait ma boussole; et, dans ce cas, il faudrait combiner par la candidature l'enchaînement de la grande à la moyenne propriété, et de la moyenne à la petite, qui est celle qui fournit le plus aux besoins de l'industrie agricole, commerciale et financière.

Je diviserais donc, pour cette fin, en trois classes les électeurs : ceux de la première seraient pourvus de l'élection directe, et ceux des deux autres de l'élection à deux degrés. La candidature est toute monarchique; elle est la véritable colonne qui soutient un état agricole. Le petit caporal du 18 brumaire, qui fut le premier calculateur de son époque, en fit la base de son gouvernement. Les colléges d'arrondissemens et de départemens, qu'il créa en remplacement des assemblées primaires et électorales, furent institués de telle sorte, que les premiers présentaient aux seconds, formés des six cents plus imposés domiciliés dans le département, une liste de candidats sur lesquels ces derniers choisissaient les députés au corps législatif. Leur admision au palais Bourbon était, en outre, soumise à la sanction du sénat, qui se trouvait juge de la validité des élections.

Je rangerais en tribus urbaines et rustiques ces trois classes d'électeurs : je comprendrais dans la première, ou la tribu urbaine, tous les contribuables payant 200 fr. et jouissant de leurs droits civils ; dans la tribu rustique de première classe, ceux dont la cote s'élèverait depuis 100 fr. jusqu'à 200 fr.; et dans la tribu rustique de deuxième classe, les contribuables de 20 fr. à 100 fr. inclusivement.

La prestation en nature formant une contribution particulière, devrait compter pour le cens.

L'inscription sur les listes électorales donne lieu à tant de réclamations, à cause de l'arbitraire qui s'y glisse, qu'il faudrait une disposition législative pour remédier à cet abus.

Je voudrais que nul ne pût réclamer l'inscription sur lesdites listes, qu'autant qu'il justifierait de ses droits par la possession annale, soit comme propriétaire, soit à titre de fermier ou de colon partiaire; ou par la patente ayant la date d'une année révolue, soit qu'il fût marchand en gros ou en détail, ou ouvrier, quelle que fût sa profession.

Je conférerais aux électeurs de la seconde tribu rustique, le droit de nommer d'autres électeurs pris dans la catégorie des tribus rurales de première classe. Ceux-ci présenteraient deux candidats par canton, sur lesquels les électeurs des tribus urbaines nommeraient les députés. Le délai entre la tenue de chacune de ces assemblées serait de trois semaines, à commencer par la tribu rurale de deuxième classe.

L'abaissement du cens d'éligibilité est absurde. Il n'est pas moins contraire aux franchises nationales qu'à la stabilité d'un royaume agricole; il sape dans ses fondemens le gouvernement du 7 août. La puissance législative se compose, d'après les formes de ce gouvernement, de trois pouvoirs politiques.

L'existence de ces trois pouvoirs politiques dépend de leur pondération. A quoi tendent les dispositions de la loi électorale, relative à la réduction à 500 fr. du cens d'éligibilité? A ôter à la chambre élective son *véto* parlementaire pour servir la corruption ministérielle, contre laquelle on s'élève si justement, et qui est le germe de mille désordres; car du moment où l'équilibre du pouvoir législatif n'est plus, tout est à la merci du premier occupant, à la veille d'une révolution, et nous savons quel en est le prix.

Les membres des parlemens, les députés aux états-généraux, étaient indépendans par leur fortune, et cette indépendance leur donnait le véto parlementaire. A ce véto se liait admirablement la pondération des prérogatives de la couronne et des immunités gallicanes, pour le salut du trône et de la patrie.

Ces corps politiques, tout en enrayant les empiétemens des rois sur les franchises nationales, conservaient la monarchie. S'ils firent quelquefois des fautes, comme c'est le propre de tous les corps d'un état, nos annales ne confirment pas moins qu'ils furent, en plusieurs circonstances, les supports du trône et de la patrie. Qu'on en juge par la conduite que tinrent les états-généraux à la mort de Charles-le-Bel, lorsqu'Edouard III, roi d'Angleterre, fondait ses prétentions à la couronne de France par sa mère Isabelle, fille de Philippe-le-Bel, dont Philippe de Valois n'était que le neveu, et que ces états, pour mettre un terme à ces différens, déférèrent le trône à ce dernier, en vertu de la loi salique qui en exclut les femmes.

Les exemples qu'on pourrait offrir à la gloire des parlemens et des états du royaume sont infinis.

La charte britannique contient de plus sages dispositions que la nôtre, pour ce qui est de cette indépendance législative. Nul ne peut, d'après cette charte, être membre de la chambre des communes s'il ne paie 1,000 liv. sterl. de contributions, environ 25,000 fr. de notre monnaie. Et cependant les Anglais ne sont pas, comme nous, un peuple purement agricole. Ils ont une barrière qui les défend, et cette puissante barrière est l'Océan.

La charte de 1814 garantissait, par le cens d'éligibilité, la pondération des pouvoirs constitutionnels, et par eux la propriété, sur laquelle repose essentiellement la stabilité du trône et de la patrie.

Qu'on rétablisse donc ce cens d'éligibilité, ou qu'en maintenant le cens actuel on salarie la chambre, ce qui serait plus à désirer. Le roi ayant la liste civile, pourquoi les chambres, qui forment avec lui les trois branches du pouvoir législatif, n'auraient-elles point la leur? Serait-ce dévier du principe du gouvernement représentatif, qui est, d'après l'esprit de nos mœurs, le seul praticable chez nous?

Mais, on ne saurait trop le répéter, de fortes garanties sont dues à la propriété foncière, dans un état agricole, pour sa conservation; de même qu'il faut que la pairie représente la haute propriété, qui, pour la stabilité de la monarchie constitutionnelle, doit être défendue contre l'esprit démocratique.

Tels sont les vœux que j'émettrais si je pouvais émettre un vœu, et si je ne craignais pas qu'on ne vînt à me dire : Êtes-vous du banquet ?

F. LACROIX.